Ben Yeshoua

Saskatchewan je t'aime

Ben Yeshoua

Saskatchewan je t'aime

Aimer et être aimée

Éditions Croix du Salut

Impressum / Mentions légales
Bibliografische Information der Deutschen Nationalbibliothek: Die Deutsche Nationalbibliothek verzeichnet diese Publikation in der Deutschen Nationalbibliografie; detaillierte bibliografische Daten sind im Internet über http://dnb.d-nb.de abrufbar.
Alle in diesem Buch genannten Marken und Produktnamen unterliegen warenzeichen-, marken- oder patentrechtlichem Schutz bzw. sind Warenzeichen oder eingetragene Warenzeichen der jeweiligen Inhaber. Die Wiedergabe von Marken, Produktnamen, Gebrauchsnamen, Handelsnamen, Warenbezeichnungen u.s.w. in diesem Werk berechtigt auch ohne besondere Kennzeichnung nicht zu der Annahme, dass solche Namen im Sinne der Warenzeichen- und Markenschutzgesetzgebung als frei zu betrachten wären und daher von jedermann benutzt werden dürften.

Information bibliographique publiée par la Deutsche Nationalbibliothek: La Deutsche Nationalbibliothek inscrit cette publication à la Deutsche Nationalbibliografie; des données bibliographiques détaillées sont disponibles sur internet à l'adresse http://dnb.d-nb.de.
Toutes marques et noms de produits mentionnés dans ce livre demeurent sous la protection des marques, des marques déposées et des brevets, et sont des marques ou des marques déposées de leurs détenteurs respectifs. L'utilisation des marques, noms de produits, noms communs, noms commerciaux, descriptions de produits, etc, même sans qu'ils soient mentionnés de façon particulière dans ce livre ne signifie en aucune façon que ces noms peuvent être utilisés sans restriction à l'égard de la législation pour la protection des marques et des marques déposées et pourraient donc être utilisés par quiconque.

Coverbild / Photo de couverture: www.ingimage.com

Verlag / Editeur:
Éditions Croix du Salut
ist ein Imprint der / est une marque déposée de
OmniScriptum GmbH & Co. KG
Heinrich-Böcking-Str. 6-8, 66121 Saarbrücken, Deutschland / Allemagne
Email: info@editions-croix.com

Herstellung: siehe letzte Seite /
Impression: voir la dernière page
ISBN: 978-3-8416-9981-7

Copyright / Droit d'auteur © 2015 OmniScriptum GmbH & Co. KG
Alle Rechte vorbehalten. / Tous droits réservés. Saarbrücken 2015

Saskatchewan je t'aime

Aimer être aimée

Saskatchewan je t'aime

Introduction

« Saskatchewan je t'aime » est un livre poétique qui évoque l'amour de l'Agneau de Dieu pour son élue.

Comprendre un amour si parfait qui frappe à notre porte tous les jours de notre vie, mesurer la portée de cet amour-là, le sentir à chaque instant que nous posons le pas, à chaque fois que nous respirons, à chaque fois que nous voyons, à chaque fois que nous entendons ou touchons à travers notre chemin quotidien ce doux murmure qui nous dit je t'aime.

Il nous le dit sans cesse sans que nous puissions le comprendre.

Nous le vivons sans savoir que nous le vivons.

Rares sont les occasions où nous percevons cet amour-là qui, solitaire, cherche constamment sa bien-aimée.

« Saskatchewan je t'aime » nous rapproche de Lui, de là où nous le rencontrons sans pour autant le rencontrer, là où il nous mène sans jamais qu'on s'en rende compte.

Saskatchewan je t'aime

TABLE

Je n'aime que toi	5
Je t'aime raison pour laquelle	6
Je te consolerai	10
Le séjour de ma maison	12
Si ton cœur me cherche il me trouvera	15
Mais avec moi	18
Mon amour est un parfum qui se répand	20
Je suis malade d'amour pour toi	24
Ne va pas après d'autres que moi	25
Je te prêterai sans rien espérer en retour	28
Je reviendrai pour l'amour de toi, Saskatchewan	32
Je te donnerai un héritier	39
Mon bonheur sera de te réjouir et de te donner du bien-être	47

Saskatchewan je t'aime

Qu'en tout temps tes vêtements soient blancs et que l'huile ne manque pas sur ta tête.

Jouis de la vie avec celle que tu aimes, pendant tous les jours de ta vaine existante que Dieu t'a donné sous le soleil, pendant tous tes jours de vanité ;

car c'est ta part dans la vie au milieu de la peine que tu te donnes sous le soleil.

Tout ce que ta main trouve à faire avec ta force, fais-le ;

car il n'y a ni activité, ni raison, ni science, ni sagesse dans le séjour des morts où tu iras.

Saskatchewan je t'aime

Je n'aime que toi

J'ai pris mon fils, mon unique, celui que j'aime, pour l'offrir en holocauste.
Toi seule sais me faire un mets comme j'aime.
Tu es d'une très grande beauté !
Je t'aime et je servirai sept années pour toi !
Ton père aime mieux te donner à moi plus qu'à un autre, raison pour laquelle j'ai accepté de travailler pour ton père.
Ta sœur que je n'aime pas a été rendue féconde, tandis que toi tu es stérile.
Elle est devenue enceinte, elle a enfanté un fils et elle a dit : maintenant mon mari m'aimera !
Mais, je n'aime que toi !
Ta sœur est devenue enceinte encore, elle a enfanté un fils et elle a dit : parce que je ne suis pas aimée !
Mais, je n'aime toujours que toi !

Saskatchewan je t'aime

Je t'aime raison pour laquelle

Ton père t'aime, celui qui fait miséricorde jusqu'à mille génération à ceux qui l'aiment et gardent ce qu'il commande.

Je t'aime comme moi-même !

Je t'aime comme l'esclave qui aime son maître et dit : j'aime mon maître, ma femme et mes enfants, je ne veux pas sortir.

Je t'aime comme moi-même, Saskatchewan !

Je t'aime comme moi-même.

Je t'aime, raison pour laquelle je choisis ta postérité après toi et je te ferai moi-même sortir de toute servitude par ma force.

Je t'aime de tout mon cœur, de toute mon âme et de toute ma force !

Parce que je t'aime, parce que je veux tenir le serment que j'ai fait à ton père, je te ferai sortir de toute servitude par ma force, je te délivrerai de la main du roi qui te maintient dans la servitude.

Sache que je suis celui qui t'aime !

Comme ton père, ce fidèle qui garde son alliance et sa miséricorde jusqu'à la millième génération envers ceux qui l'aiment et observent ses commandements, ainsi je t'aime moi aussi.

Je t'aime, raison pour laquelle tu es bénie.

Je t'aime, raison pour laquelle tu te multiplies.

Je t'aime, raison pour laquelle le fruit de tes entrailles est béni.

Saskatchewan je t'aime

Je t'aime, raison pour laquelle le fruit de ton sol est béni.

Je t'aime, raison pour laquelle ton blé est béni.

Je t'aime, raison pour laquelle ton moût est béni.

Je t'aime, raison pour laquelle ton huile est bénie.

Je t'aime, raison pour laquelle les portées de ton gros bétail sont bénies.

Je t'aime, raison pour laquelle les portées de ton menu bétail sont bénies.

Je te demande une chose en retour : que tu me sois soumise car l'obéissance dépasse les sacrifices.

Je te demande une chose en retour : que tu me sois soumise car le commencement de la sagesse est plus élevé que la beauté.

Je t'ai choisi parmi de nombreuses nations.

Je t'ai choisi parmi tous les peuples.

Je t'ai choisi parmi toutes les langues.

Comme tu le vois aujourd'hui, afin de t'aimer, te donner nourriture et vêtements.

N'écoute pas les paroles de ces prophètes et de ces songeurs qui te disent d'aimer un autre que moi car c'est une épreuve pour voir si tu es soumise, c'est une épreuve pour voir si le commencement de la sagesse est en toi.

Si quelqu'un t'incite secrètement en disant : va et aime un autre que moi — un autre que ni toi ni tes pères n'avez connu, qui est d'entre les peuples qui vous entourent, de près ou de loin, d'un bout à l'autre de la terre — n'y consens pas et ne l'écoute pas.

Saskatchewan je t'aime

Si tu veux rester chez moi, toi et ta maison, et que tu te trouves bien chez moi, je prendrai le poinçon et je te percerai l'oreille contre le battant de ma porte et tu m'appartiendras pour toujours.

Mais si tu ne le veux pas, je ne trouverai pas pénible de te laisser libre.

Tu es une belle femme à qui je m'attacherai et que je prendrai pour femme.

Je t'emmènerai dans l'intérieur de ma maison,

tu te raseras la tête et tu te feras les ongles.

Tu quitteras tes vêtements de captive, tu habiteras dans ma maison.

Après cela, j'irai vers toi, je t'épouserai et tu seras ma femme.

Tu ne cesseras pas de me plaire.

Je ne te vendrai pas pour de l'argent et je ne te réduirai pas en esclave parce que j'aurai eu des rapports conjugaux avec toi.

Je t'aimerai plus que l'autre,

et si j'ai un fils de toi, je le reconnaîtrai pour premier-né et je lui donnerai sur tout mon avoir une double part car ce fils est les prémices de ma vigueur et le droit d'aînesse lui appartiendra.

Parce que je t'aime, toute malédiction sera changée en bénédiction.

Si tu reviens à moi de tout cœur et de toute ton âme, toi et tes fils, quand tu seras bannie à l'extrémité du ciel, je te rassemblerai là et c'est de là que je te ferai revenir dans ma maison.

Parce que tu m'auras écouté et que tu seras à moi, j'assurerai ta vie et la prolongation de tes jours.

Saskatchewan je t'aime

Je suis venu de ma montagne,

je me suis levé,

j'ai resplendi de la grande montagne et je suis sorti des saintes myriades pour t'envoyer de ma droite mon alliance.

Oui, je te chéris.

Tu es ma bien-aimée !

Tu habiteras en sécurité auprès de moi.

Je te couvrirai toujours

et je serai celui qui réside entre tes épaules.

Aie soin seulement d'être en alliance avec moi de tout ton cœur et de toute ton âme.

Veille attentivement sur ton âme afin d'être ma seule alliée.

Saskatchewan je t'aime

Je te consolerai

Ton amour pour moi te fait briller comme le soleil quand il paraît dans toute sa force.

Je t'aime et je n'ai pas pour toi de la haine !

Quand je n'expliquerai ni à mon père ni à ma mère une énigme, à toi je la dirai.

Je t'aime et mon cœur est avec toi, Saskatchewan !

Je ne me jouerai pas de toi et je te déclarerai la vérité !

Ma largesse restaurera ton âme et sera ton soutien dans les moments où se courbe l'homme fort.

Ma largesse vaudra mieux pour toi que sept fils.

Je garderai tes pas car tu es ma bien-aimée, Saskatchewan !

Je serai bien disposé pour toi.

Tous mes serviteurs t'aimeront.

J'aime à te voir aller et venir dans le lieu où reposent mes pieds.

Que tu plaises ou non à des princes, en toi je ne trouve rien de mauvais.

Je te consolerai, Saskatchewan !

J'irai auprès de toi et je coucherai avec toi.

Tu enfanteras un fils qui sera aimé de moi.

Je t'aime Saskatchewan !

Je t'aime plus que je ne hais ceux qui me haïssent et que je n'aime ceux qui m'aiment.

Si mon fils meure pour que tu vives, cela m'est agréable.

Je te sauverai, je te mettrai au large car je t'aime.

Je t'enverrai pour te servir ceux qui m'aiment.

Saskatchewan je t'aime

Je t'accorderai ma faveur en te plaçant sur un trône à mes cotés.

Je t'aime à toujours Saskatchewan et je t'établirai à mes cotés !

Je sonde ton cœur et j'aime la droiture en toi.

Ma bien-aimée : jouis du bonheur !

Je t'accorderai la faveur de te placer sur un trône et ce trône subsistera à toujours.

Je t'aime Saskatchewan et je ne m'irriterai pas contre toi.

Saskatchewan je t'aime

Le séjour de ma maison

Quand tous verront ma grandeur ;

quand tous verront que je suis redoutable ;

avec toi je garderai mon alliance car je t'aime !

Tu seras la première après moi, considérée dans ma ville, dans mon pays, dans mon royaume et aimée de tous mes frères.

Je rechercherai le bien de ton peuple et je parlerai pour le bonheur de ta race.

Ma bien-aimée, je ne permettrai pas que tu voies la corruption.

Je t'aime Saskatchewan et je te sauverai !

Recommande-toi à moi.

Recommande-toi à moi et je te sauverai, je te délivrerai !

Aime le séjour de ma maison Saskatchewan, aime le lieu de ma gloire !

Chante-moi un chant, célèbre par tes louanges ma gloire.

Sois dans l'allégresse et réjouis-toi.

Dis sans cesse : Exalté soit mon époux !

Tu connaîtras que je t'aime car celle qui te méprise ne triomphera pas de toi.

Saskatchewan je t'aime

Sur toi, Saskatchewan, coule une huile de joie, par privilège sur tous autres.

Fille de roi, Saskatchewan, tu es ma bien-aimée !

Tu es la reine qui est ma droite, parée d'or d' Ophir !

Tu n'aimes pas le mal plus que le bien et le mensonge plus que la droiture, c'est pourquoi je t'aime.

Tu n'aimes pas les paroles de destructions et ta langue n'est pas une langue trompeuse, c'est pourquoi je t'aime.

Fille de roi, Saskatchewan, tu es ma bien-aimée !

Sois dans l'allégresse et réjouis-toi.

Dis sans cesse : Exalté soit mon époux !

J'aime tes portes, Saskatchewan, plus que toutes les demeures de mes serviteurs.

Je dirai : j'ai pris une jeune femme du milieu du peuple, j'ai prêté mon secours à une belle femme.

Je la protégerai puisse qu'elle connaît mon nom.

Je la délivrerai parce que je l'aime.

Tandis que tu les aimes, ils sont tes adversaires ;

mais parle avec moi, ais recours à moi.

J'entendrai ta voix et les supplications que personne ne peut entendre.

Tu as du prix à mes yeux, Saskatchewan !

Je te conduirai dans les sentiers de mon alliance car je t'aime !

Tu aimeras mon alliance car ce sont des délices.

Tu lèveras les mains vers mon alliance et tu méditeras sur elle.

Elle sera tout le jour l'objet de ta méditation.

Saskatchewan je t'aime

Je serai pour toi un époux en qui tu auras confiance et tu haïras les hommes indécis.

Je tournerai ma face vers toi Saskatchewan et j'aurai pitié de toi selon ma coutume à ton égard.

Tu aimeras ma parole car elle est entièrement éprouvée.

Je considère que tu aimes mon alliance, c'est pourquoi je te ferai la faveur de ma bonté.

Tu haïras le mensonge, tu détesteras le mensonge et tu aimeras mon alliance.

Il y aura beaucoup de paix pour toi parce que tu auras aimé mon alliance.

Je demanderai ta paix et je me réjouirai de ton repos car je t'aime.

Tu ne te lèveras pas en vain le matin.

En vain tu ne te coucheras pas le soir et tu ne mangeras pas le pain de douleur.

Je te donnerai du pain pendant ton sommeil car tu es ma bien-aimée !

Je te garderai parce que je t'aime, Saskatchewan !

Saskatchewan je t'aime

Si ton cœur me cherche il me trouvera

Je crie dans les rues,

j'élève ma voix dans les places.

Je crie à l'entrée des lieux bruyants,

à l'entrée des portes, dans la ville,

je prononce mes paroles.

Ne sois pas stupide et n'aime pas la stupidité.

Ne sois pas moqueuse et ne te plais pas à la moquerie.

Ne sois pas insensée et ne hais pas la connaissance.

Reviens Saskatchewan et écoute mes paroles.

Sur toi je répandrai mon amour, je te ferai connaître ce que j'ai dans mon cœur.

J'appelle, ne résiste pas.

J'étends ma main, prête attention.

Ne rejette pas mes paroles.

Ne refuse pas d'écouter ;

Car je ne permettrai pas que quelqu'un puisse rire de ton malheur ;

Car je ne permettrai pas que quelqu'un puisse rire de ta terreur.

J'empêcherai la terreur de venir sur toi comme une tempête.

J'empêcherai le malheur d'arriver sur toi comme un tourbillon.

J'empêcherai la détresse et l'angoisse de venir sur toi.

Quand tu m'appelleras, je répondrai.

Quand tu me chercheras, tu me trouveras.

Parce que tu n'auras pas eu de la haine pour moi,

et parce que tu m'auras choisi,

Saskatchewan je t'aime

parce que tu auras voulu de mes paroles,
et que tu n'auras pas dédaigné mes appels,
tu te nourriras du fruit de mon amour,
et tu te rassasieras de ma présence.

Sois une femme pour ton époux,
une femme tendre et unique auprès de ton époux.
N'abandonne pas mon amour : il te gardera.
Aime-le et il sera comme une protection.
Exalte l'amour que j'ai pour toi : il t'élèvera.
Il fera ta gloire, si tu l'embrasses.
Il mettra sur ta tête un gracieux ruban.
Il t'ornera d'un magnifique diadème.
Si tu marches, ton pas ne sera pas gêné
et si tu cours, tu ne trébucheras pas car mon amour sera à tes côtés.
Garde ton cœur plus que tout autre chose car de lui viennent les sources de la vie.
Moi je t'aime et si ton cœur me cherche, il me trouvera.
Je remplirai tes trésors et je te donnerai des biens, des biens en héritage.
Ne me hais pas.
N'aime pas la mort.
Ne nuis pas à ton âme.
Je t'aime, Saskatchewan !
C'est la raison pour laquelle je ne ménagerai pas mon bâton et chercherai à te corriger.

Saskatchewan je t'aime

Réponds-moi avec douceur et parle-moi sans me blesser !

Tes lèvres auront ma sagesse et je t'aimerai tous les jours de ta vie.

Je t'aime et je t'aimerai en tout temps.

Je serai là pour t'aider dans la détresse.

Je prendrai des engagements pour toi et je me porterai garant pour toi.

Tu trouveras le bonheur.

N'aime pas le sommeil de peur que tu ne deviennes pauvre.

Ouvre les yeux, tu seras rassasiée de pain.

Aime la joie en restant dans la privation.

N'aime pas le vin et l'huile afin que tu puisses t'enrichir.

Aime la pureté du cœur.

Réjouis mon cœur et ne perds pas tes biens.

Saskatchewan je t'aime

Mais avec moi

Il y a un temps pour enfanter et un temps pour mourir ;
mais avec moi tu enfanteras et tu ne mourras pas !
Il y a un temps pour planter et un temps pour arracher ;
mais avec moi tu seras plantée et tu ne seras pas arrachée !
Il y a un temps pour tuer et un temps pour guérir ;
mais avec moi tu ne seras pas tuée et tu guériras !
Il y a un temps pour démolir et un temps pour bâtir ;
mais avec moi tu ne seras pas démolie et tu seras bâtie !
Il y a un temps pour pleurer et un temps pour rire ;
mais avec moi tu ne pleureras pas et tu riras !
Il y a un temps pour se lamenter et un temps pour danser ;
mais avec moi tu ne te lamenteras pas et tu danseras !
Il y a un temps pour jeter des pierres et un temps pour ramasser des pierres ;
mais avec moi des pierres ne te seront pas jetées et ensemble on ramassera des pierres !
Il y a un temps pour étreindre et un temps pour s'éloigner de l'étreinte ;
mais avec moi tu seras embrassée et l'étreinte ne s'éloignera pas de toi !
Il y a un temps pour chercher et un temps pour perdre ;
mais avec moi tu chercheras et tu trouveras et tu ne perdras pas !
Il y a un temps pour garder et un temps pour jeter ;
mais avec moi tu seras gardée et tu ne seras pas jetée !
Il y a un temps pour déchirer et un temps pour recoudre ;
mais avec moi tu ne seras pas déchirée et tu seras recousue !

Saskatchewan je t'aime

Il y a un temps pour se taire et un temps pour parler ;
mais avec moi tu ne te tairas pas et tu parleras !
Il y a un temps pour aimer et un temps pour haïr ;
mais avec moi tu seras aimée et tu ne seras pas méprisée!
Il y a un temps de guerre et un temps de paix ;
mais avec moi tu ne seras pas en guerre et tu seras en paix !

Saskatchewan je t'aime

Mon amour est un parfum qui se répand

Lorsque je ferai un vœu, je ne tarderai pas à l'accomplir : j'accomplirai le vœux que je t'ai fait.

Je t'aime plus que l'argent.

Je t'aime plus que le faste.

Je jouirai de la vie avec toi, Saskatchewan, pendant tous les jours de ma vie éternelle que mon père m'a donné.

Je te baiserai des baisers de ma bouche car ma tendresse vaut mieux que le vin, la senteur de mes parfums est si bonne.

Mon nom est un parfum qui se répand ;

c'est pourquoi les jeunes filles l'aiment.

Je t'entraînerai, tu courras à ma suite.

Je t'introduirai dans mes appartements.

Tu seras dans l'allégresse et la joie grâce à moi.

Tu célébreras ma tendresse plus que le vin.

Je ne fais pas attention si tu es bronzée : c'est le soleil qui t'a bruni !

Les fils de ta mère se sont emportés contre toi, ils t'ont faite gardienne des vignes !

Ta vigne à toi, tu ne l'as pas gardée.

Je te révélerai où je fais paître mon troupeau,

où je le fais reposer à midi,

car pourquoi serais-tu comme égarée près des troupeaux de tes compagnons ?

Je suis un bouquet de myrrhe qui repose dans ton sein.

Je suis une grappe de troène dans tes vignes.

Saskatchewan je t'aime

Je suis beau, je suis aimable.
Notre lit sera la verdure.
Les solives de nos maisons seront des cèdres, nos lambris seront des cyprès.
Comme un pommier au milieu des arbres de la forêt, tel je suis parmi les jeunes hommes !
À mon ombre, tu désireras t'asseoir et mon fruit sera doux à ton palais.
Je t'introduirai dans ma maison de vin
et la bannière que je déploierai sur toi, ce sera l'amour.
Me voici, je viens,
sautant sur les montagnes,
bondissant sur les collines.
Je suis semblable à une gazelle,
au faon des biches.
Me voici, je me tiens derrière ton mur,
j'observe par la fenêtre,
mon œil brille au treillis.
Je prends la parole et je te dis : lève-toi, ma compagne, ma belle et viens !
Car voilà l'hiver est passé,
la pluie a cessé, elle s'en est allée.
Dans le pays, les fleurs paraissent, le temps de psalmodier est arrivé et la voix de la tourterelle se fait entendre dans notre pays.
Le figuier forme ses premiers fruits et les vignes en fleur exhalent leur parfum.
Lève-toi ma compagne, ma belle et viens !
Ma colombe dans le creux des rochers, dans le secret des escarpements,
fais-moi voir ton visage, fais-moi entendre ta voix ;

Saskatchewan je t'aime

car ta voix est douce et ton visage est charmant.

Saisissez pour nous les renards qui ravagent les vignes,

les petits renards qui ravagent les vignes alors que nos vignes sont en fleur.

Je suis à toi et tu es à moi.

Je fais paître mon troupeau parmi les lis.

Je suis semblable à la gazelle, au faon des biches, sur les montagnes découpées.

Sur ta couche, pendant les nuits, cherche-moi !

Cherche-moi et tu me trouveras.

Si tu ne me trouves pas, lève-toi donc et fais le tour de la ville.

Dans les rues et sur les places de la ville,

cherche-moi !

Cherche-moi et tu me trouveras.

Les gardes qui font le tour de la ville te trouveront : m'ont-ils vu ?

À peine les auras-tu dépassé, que tu m'auras trouvé ;

tu me saisiras et tu ne me lâcheras plus,

jusqu'à ce que tu m'aies introduit dans la maison de ta mère, dans la chambre de celle qui t'a conçue.

Le vent du nord s'éveillera.

Le vent du sud viendra.

Il soufflera sur toi et tes aromates s'en exhaleront.

Quand tu seras endormie mais que ton cœur sera en veille, ma voix frappera : ouvre-moi mon cœur, mon amie, ma compagne, ma parfaite.

Car ma tête est couverte de rosée, mes boucles sont pleines des gouttes de la nuit.

Je passerai ma main par la fenêtre et tes entrailles vont être émues pour moi.

Saskatchewan je t'aime

Tu te lèveras pour m'ouvrir et des mains dégouttera la myrrhe, de tes doigts, la myrrhe se répandra sur la poignée du verrou !

Tu ouvriras mais je m'en serais déjà allé, j'aurais déjà disparu.

Saskatchewan je t'aime

Je suis malade d'amour pour toi

Je suis malade d'amour pour toi !
Ton palais n'est que douceur.
Et toute ta personne est pleine de charme .
Ô la plus belle des femmes !
À ta bouche coule un vin excellent qui coule aisément et glisse sur les lèvres de ceux qui s'endorment.
Mes désirs se portent vers toi.
Viens ma bien-aimée, sortons dans les champs, demeurons dans les villages.
Les mandragores répandent leur parfum et nous avons à nos portes tous les meilleurs fruits, nouveaux et anciens : ma bien-aimée je les ai gardés pour toi.

Saskatchewan je t'aime

Ne va pas après d'autres que moi

N'aime pas les présents et ne coure pas après les récompenses.
Tu es ma bien-aimée à qui je chanterai le cantique.
Je t'ai choisie, je t'ai aimée.
Parce que tu as du prix à mes yeux, parce que tu es honorée et que je t'aime, je donnerai des hommes à ta place et des peuples pour ta vie.
N'aime pas à sommeiller comme ces gardiens tous aveugles, sans intelligence.
Loin de moi, ne lève pas ta couverture et ne te montre pas.
N'élargis pas ta couche et ne t'allie pas avec d'autres.
N'aime pas leur commerce, ne choisis pas leur place.
Mon alliance pour toi est une alliance éternelle !
Je me réjouirai avec toi, ma bien-aimée.
Je ferai de toi le sujet de mon allégresse.
Je tressaillirai avec toi de joie.
Ne va pas auprès d'autres que moi !
Ne t'expose pas à avoir les pieds nus !
Ne sois pas habile pour chercher autre chose que moi !
Ne t'étends pas devant le soleil, devant la lune et devant toute l'armée des cieux.
Ne les aime pas, ne soit pas leur servante, ne les suis pas, ne les recherche pas, et ne te prosterne pas devant eux !
N'aime pas courir çà et là !
Retiens tes pieds,
car j'ai de l'attachement pour toi.

Saskatchewan je t'aime

Ne sois pas dans la honte,
ne sois pas dans la confusion,
car je vais mener ceux qui t'aiment en captivité.
Je t'aime d'un amour éternel,
c'est pourquoi je te conserve ma bonté.

Si tu te plais avec des amants, je rassemblerai tous ceux que tu as aimé et tous ceux que tu as hais, je les rassemblerai de toutes parts contre toi, je leur découvrirai ta nudité et ils verront ta nudité.

Mais j'aurai compassion de toi.

Tu es ma bien-aimée !

Sois attentive et comprends-moi.

Femme bien-aimée !

Sois attentive et comprends.

Ne tremble pas.

Ne crains pas femme bien-aimée, sois en paix !

Ne pars pas encore et n'aime pas un homme aimé d'un amant et adultère.

Ne l'aime pas comme je t'aime, Saskatchewan, n'aime pas d'autres que moi !

Sois pieuse et connais-moi !

Ne te livre pas à la joie, à l'allégresse.

Ne m'abandonne pas, n'aime pas le salaire impur dans toutes les aires de blé.

Je t'aimerai et je ne te chasserai pas de ma maison !

Ne sois pas comme une génisse dressée qui aime à fouler le grain.

Ne sois pas comme un marchand qui a dans sa main des balances fausses, qui aime à tromper.

Ne me fais pas un faux serment.

Saskatchewan je t'aime

Aime ma vérité et ma paix plus que des jours d'allégresse et de joie, de fêtes de réjouissances.

Je t'aime, Saskatchewan !

Et tu me dis : en quoi m'as-tu aimé ?

Ne t'unis pas à un autre que moi

car tu es ma bien-aimée !

Saskatchewan je t'aime

Je te prêterai sans rien attendre en retour

Je t'aime et je te ferai du bien !
Je m'attache à toi !
Je t'aime plus que mon père ou ma mère !
je t'aime plus que mon fils ou ma fille !
Tu es celle que j'ai choisi, ma bien-aimée en qui mon âme prend plaisir !

Tu es ma bien-aimée !
Je t'aime comme moi-même !
Je t'aime de tout mon cœur, de toute mon âme et de toute ma pensée !
Je t'aime comme moi-même !
Je t'aime plus que les premières places dans les festins.
Je t'aime plus qu'à être salué dans les places publiques.
Confie-toi en moi, je te délivrerai car je t'aime.
Tu es ma bien-aimée !
Tu es ma bien-aimée !
Je t'aime de tout mon cœur, de toute mon âme, de toutes mes pensées et de toutes mes forces !

Je t'aime comme moi-même !
Je t'aime plus qu'à me promener en longue robe et à être salué dans les places publiques.
Tu es ma bien-aimée !
Je t'aime et je te ferai du bien !

Saskatchewan je t'aime

Je te prêterai sans rien espérer en retour.
Je serai bon envers toi.
Car je suis bon même envers les ingrats et les méchants.
Je t'aime, Saskatchewan !
Je t'aime beaucoup !
Je t'aime de tout mon cœur, de toute mon âme, de toute ma force et de toute ma pensée !
Je t'aime comme moi-même !

Je t'aime plus que les premiers sièges et les salutations dans les places publiques !
Je t'aime et je m'attacherai à toi !
Tu es ma bien-aimée et je t'accorderai du respect.
Je t'aime plus qu'à me promener en longue robe et à être salué dans les places publiques.
Je te recherche plus que les premières places dans les festins.
Je t'aime tant que j'ai donné mon fils unique afin que tu me reviennes.
Je t'aime et je donnerai tout !
Je t'aime et je ne te cacherai rien !
N'aime pas ta vie plus que moi sinon tu la perdras.
Hais ta vie plus que moi et tu la conserveras pour être avec moi.
Je t'aime plus que la gloire des hommes !
Je t'aime comme moi-même !

Saskatchewan je t'aime

Je veux me faire connaître à toi c'est pourquoi garde mes dires.

Si tu m'aimes tu garderas mes dires, je viendrai à toi et je ferai ma demeure chez toi.

Je t'aime comme j'ai été aimé !

Demeure dans mon amour ma bien-aimée !

Comme le père m'a aimé, je t'ai aussi aimée.

Je t'aime comme j'ai été aimé.

Je veux que là où je suis, toi, Saskatchewan que j'ai aimée, tu sois aussi afin que tu vois ma gloire, la gloire que mon père m'a donné.

Je te ferai connaître mon nom afin que l'amour dont je t'ai aimé soit en toi.

M'aimes-tu comme je t'aime, Saskatchewan ?

Tu es ma bien-aimée !

Tu es mon élue !

Je ne vais rien te devoir, Saskatchewan, si ce n'est de t'aimer.

Saskatchewan, tu es ma bien-aimée !

Je t'aime !

Pour toi, j'ai préparé des choses que l'œil n'a point vu.

J'ai préparé des choses que l'oreille n'a point entendu

et des choses qui ne sont point montées au cœur de l'homme.

Je t'aime !

Je t'aime comme mon propre corps !

Je t'aime d'un amour inaltérable, Saskatchewan !

Je t'aime et je te donnerai une consolation éternelle et une bonne espérance.

Je t'apprendrai à m'aimer et à aimer nos enfants.

Écoute-moi et je te parlerai.

Saskatchewan je t'aime

Je t'aime ardemment, Saskatchewan !

Pour toi, je m'abstiens des convoitises de la chair qui font la guerre à l'âme.

Je t'aime et cet amour consiste non point en ce que tu m'as aimé mais en ce que je t'ai aimée en premier.

Je t'aime, Saskatchewan !

Saskatchewan je t'aime

Je reviendrai pour l'amour de toi, Saskatchewan

Je conserve mon amour jusqu'à mille génération et je pardonne.
Mais je ne tiens point la pensée coupable pour innocente.
Je suis dans la douleur à cause de toi, ma bien-aimée !
Mon amour pour toi est admirable, au-dessus de l'amour des femmes !
Mon amour est fort pour toi !
Entraîné par l'amour, je m'attache à toi.
Mon cœur bouillonne de belles paroles.
Je dis : mes œuvres sont pour toi, Saskatchewan !
Que ma langue soit comme la plume d'un habile écrivain !
Tu es plus belle que les filles d'homme, la grâce est répandue sur tes lèvres.
Ceins ton épée à ton côté, vaillante guerrière,
ton éclat et ta splendeur.
Oui, ta splendeur.
Élance-toi, monte sur ton char pour la cause de la vérité, de l'humilité et de la justice.
Je suis plein d'amour pour toi !
Ne me rends pas le mal pour le bien et la haine pour mon amour.
Biche des amours, gazelle pleine de grâce : je suis en tout temps enivré de tes charmes, sans cesse épris de ton amour.
Viens, enivrons-nous d'amour jusqu'au matin, livrons-nous joyeusement à la volupté.

Saskatchewan je t'aime

Mon amour couvrira toutes tes fautes !
Mieux vaut de l'herbe pour nourriture avec mon amour, qu'un bœuf engraissé, plein de haine, ailleurs.
Je ne rappelle pas tes fautes mais je les couvre avec mon amour.
Je te baiserai des baisers de ma bouche car mon amour vaut mieux que le vin.
Je t'entraînerai avec moi.
Nous courrons.
Je t'introduirai dans mes appartements.
Nous nous égaierons, nous nous réjouirons.
Je te ferai entrer dans la maison du vin et la bannière que je déploierai sur toi c'est l'amour !
Soutenez-moi avec des gâteaux de raisins, fortifiez-moi avec des pommes car je suis malade d'amour !
Que tu es belle, que tu es agréable, Ô mon amour, au milieu des délices !
Dès le matin nous irons aux vignes, nous verrons si la vigne pousse, si la fleur s'ouvre, si les grenadiers fleurissent.
Là je te donnerai mon amour.
Mets-moi comme un sceau sur ton cœur, comme un sceau sur ton bras car l'amour est fort comme la mort, la jalousie inflexible comme le séjour des morts.
Les grandes eaux ne peuvent éteindre l'amour et les fleuves ne le submergeraient pas.
Quand un homme offrirait tous les biens de sa maison contre l'amour, il ne s'attirerait que le mépris.
Je ne me souviens plus de tes fautes.
J'efface tes fautes par mon amour.

Saskatchewan je t'aime

Dans un instant de colère, j'ai dérobé ma face mais avec un amour éternel j'ai eu compassion.

Quand les montagnes s'éloigneraient, quand les collines chancelleraient, mon amour ne s'éloignera point de toi et mon alliance de paix ne chancellera point !

Pour l'amour de Saskatchewan, je ne me tairai point !

Pour l'amour de Saskatchewan, je ne prendrai point de repos jusqu'à ce que son salut paraisse comme l'aurore.

Publie mes grâces !

Publie mes louanges !

Dis ma bonté envers toi et mon amour !

Dans toutes tes détresses tu ne seras pas sans secours !

Saskatchewan je t'aime

Je te soutiendrai constamment et je te porterai !

Je ne te laisserai pas errer loin de moi et ne laisserai pas ton cœur s'endurcir contre la crainte !

Je reviendrai pour l'amour de toi, Saskatchewan !

Je me souviendrai de ton amour, de ton affection quand tu me suivras au désert, dans une terre inculte.

Je n'abandonnerai pas ma maison.

Je ne délaisserai pas mon héritage, l'objet de mon amour aux mains d'un autre.

De loin je me montrerai à toi : je t'aime d'un amour éternel !

C'est pourquoi je te conserve ma bonté.

Lorsque tu te multiplieras par dix mille comme les pousses des champs ;

lorsque tu te développeras ;

lorsque tu grandiras et deviendra une beauté parfaite ;

lorsque tes seins se formeront

mais que tu seras nue, entièrement nue ;

je passerai près de toi, je te regarderai.

Et lorsque le temps sera là, le temps des amours,

j'étendrai sur toi le pan de ma robe,

je couvrirai ta nudité, je te jurerai fidélité,

je ferai alliance avec toi et tu seras à moi.

Je te laverai dans l'eau,

je ferai disparaître le sang qui est sur toi et je te frotterai avec de l'huile.

Je t'habillerai d'étoffe brodée,

je te chausserai de fine peau,

je te draperai de fin lin,

Saskatchewan je t'aime

je te couvrirai de soie.

Je te parerai d'ornement : je te mettrai des bracelets aux mains, un collier à ton cou, je mettrai un anneau à ton nez, des boucles à tes oreilles et la parure d'une couronne sur ta tête.

Ainsi tu seras parée d'or et d'argent et tu seras vêtue de fin lin, de soie et d'étoffe brodée.

Tu mangeras de la fleur de farine, du miel et de l'huile.

Tu deviendras de plus en plus belle, digne de la royauté.

Ta renommée se répandra parmi les nations, à cause de ta beauté,

car elle sera parfaite grâce à l'éclat dont je t'ornerai.

Je réparerai ton infidélité, j'aurai pour toi un amour sincère.

Je serai au milieu de toi comme un héros qui sauve.

Je ferai de toi ma plus grande joie.

Je garderai le silence dans mon amour.

J'aurai pour toi des transports d'allégresse.

Saskatchewan, j'ai l'amour de toi en moi !

Tous connaîtront que je t'aime.

Saskatchewan, demeure dans mon amour !

Je donnerai ma vie pour toi !

Je te ferai connaître mon nom !

Saskatchewan je t'aime

Rien ne pourra te séparer de mon amour : ni la tribulation, ni l'angoisse, ni la persécution, ni la faim, ni la nudité, ni le péril, ni l'épée, ni les puissances, ni la hauteur, ni la profondeur, ni aucune autre créature ne pourra te séparer de l'amour que je te porte.

Je suis rempli d'affection pour toi, Saskatchewan !

Je ne te ferai point de mal !

Je ne causerai pas ta perte !

J'intercéderai en ta faveur !

Je ne viendrai jamais chez toi avec une verge mais avec amour et douceur.

Mon amour est avec toi, Saskatchewan !

Mon amour pour toi est extrême !

Le fruit que je porte c'est l'amour.

Je t'aime d'un grand amour !

Mon amour surpasse toute connaissance.

Je t'aime d'un amour inaltérable !

Dirige ton cœur vers mon amour.

Mon esprit est un amour de force, d'amour et de sagesse.

Ne m'abandonne pas pour un autre amour, par amour pour le siècle présent.

Persévère dans mon amour !

Ne te livre pas à un autre amour que mon amour.

Ne te livre pas au monde, n'en soit pas l'amie,

mais demeure dans mon amour.

Tu as connu mon amour en ce que j'ai donné ce que j'aime le plus pour toi.

Si je possède des biens et que je te vois dans le besoin, je ne te fermerai pas les portes parce que j'ai de l'amour pour toi.

Saskatchewan je t'aime

Mon amour consiste non point en ce que tu m'as aimé mais en ce que je t'ai aimée et j'ai donné ce que j'ai de plus cher.

Mon amour pour toi est parfait !

Ne m'abandonnes pas car je suis ton premier amour !

Saskatchewan je t'aime

Je te donnerai un héritier

Je pourrai donner des noms à des animaux des champs, donner des noms à tous les oiseaux du ciel mais mon désir est de te faire porter mon nom, le nom que je te donnerai.

Quand le sol ne donnera plus sa richesse, pour toi je battrai pour que le sol te donne sa richesse.

Je donnerai un pays à ta postérité ;

je donnerai un pays à toi et à ta descendance !

Tu le parcourras en long et en large.

Je te donnerai un héritier et tu ne t'en iras pas sans enfant !

Je te donnerai un héritier et tu ne seras pas dans l'affliction.

Tu ne seras plus une princesse mais tu deviendras une reine !

Je te donnerai un héritier et tu deviendras des nations,

et des rois sortiront de toi.

Je donnerai un pays à toi et à tes enfants après toi.

Saskatchewan, penche ta cruche je te prie pour que je boive car tu es celle que je me suis consacré.

Donne aussi à boire à mes chameaux.

Saskatchewan, empresse-toi d'abaisser ta cruche sur ma main et de me donner à boire car tu es celle que je me suis consacré.

Puise aussi de l'eau pour mes chameaux jusqu'à ce qu'ils aient assez bu.

Saskatchewan, empresse-toi d'abaisser ta cruche de dessus ton épaule et dis-moi : bois et je donnerai aussi à boire à tes chameaux.

Je boirai et tu donneras aussi de l'eau à mes chameaux.

Saskatchewan je t'aime

Séjourne dans mon pays, je serai avec toi, je te ferai du bien et je te donnerai des contrées.

Je suis avec toi et je te garderai partout où tu iras.

Je ne t'abandonnerai point !

Donne-moi le dixième de tes pensées, de ta force, de ton cœur.

Aime me le donner que de le donner à un autre.

Je ne suivrai pas la coutume pour vouloir ta sœur mais c'est toi que je voudrai et accepterai comme femme.

Je servirai sept années pour toi et s'il m'est exigé sept années encore de travail pour te prendre comme épouse, je le ferai.

Je m'allierai à toi et à aucune autre.

Je donnerai tout ce qu'on me demandera pour toi.

Lorsqu'on m'exigera une forte dot et beaucoup de présents,

je donnerai tout ce qu'on me demandera pour toi afin que, jeune fille, tu me sois accordée comme femme.

Je ne me souillerai pas pour aller vers toi afin de te donner une postérité.

Je suis fidèle et je te serai fidèle !

Je n'aborderai pas une prostituée sur le chemin pour aller vers elle.

Je ne proposerai pas un chevreau de mon troupeau pour aller vers une prostituée.

Je ne donnerai pas pas mon cachet, mon cordon et mon bâton que j'ai dans la main en échange des services d'une prostituée.

Je suis fidèle et je te serai fidèle !

Saskatchewan je t'aime

Je donnerai de l'argent que je cacherai dans ton sac.

Quand il y aura la famine dans tout le pays, tu feras feras venir ton père et sa famille et vous viendrez auprès de moi.

Je vous donnerai ce qu'il y a de meilleur dans mon pays et vous mangerez la graisse de mon pays.

Je ne leur donnerai pas du pain en échange de leur troupeau si l'argent manque.

Je ne demanderai pas un cinquième de leur production en échange de ce pain.

Je te conduirai dans un bon pays, je t'y ferai entrer et je t'en donnerai la possession !

Tu mangeras à satiété.

Je ne diminuerai en rien ta nourriture, ton vêtement et ton droit conjugal.

S'il se produit un accident, je donnerai ma vie pour la vie.

Si ton bœuf frappe un homme ou une femme, je donnerai plusieurs sicles d'argent pour le dommage.

Si toi ou ton parent faites du dégât dans un champ ou un vigne, je donnerai en dédommagement le meilleur produit de mon champ et de ma vigne.

Je serai pour toi un époux de repos qui apportera du repos à tout ce qui t'appartient.

Monte vers moi, Saskatchewan et reste-là !

Je te donnerai mes désirs, ma pensée, je les écrirai pour toi.

Tu garderas avec toi ce que je te donnerai.

Tu le mettras dans ton cœur afin de ne pas oublier.

Je marcherai avec toi.

Je te conduirai dans un bon pays, je t'y ferai entrer et je t'en donnerai la

Saskatchewan je t'aime

possession.
    Je te ferai manger à satiété et habiter en sécurité.
    Comme les pluies en leurs saisons, je serai là en toutes saisons.
    Comme la terre donne ses produits, je te donnerai les produits de ma vigueur.
    Comme les arbres des champs donnent leurs fruits, je te donnerai les fruits de mon cœur.
    Ta force ne s'épuisera pas inutilement !
    Viens, Saskatchewan et je te ferai du bien !
    Viens, Saskatchewan même avec ceux qui sont avec toi,
    je te ferai du bien !
    Je sais où prendre le pain,
    je sais où prendre le vin.
    Je te donnerai à manger.
    J'ai le pouvoir de te mener là où j'ai promis te mener et j'ai la force de te donner ce que j'ai promis te donner.
    Je ne t'égorgerai pas dans le désert comme ferait quelqu'un qui n'a pas le pouvoir ni la force de réaliser ce qu'il t'a promis.
    Je ferai sortir de l'eau du rocher et j'étancherai ta soif.
    Je te donnerai une portion plus grande.
    Je te donnerai des villes.
    Je te donnerai la banlieue autour de ces villes.
    Je serai pour toi un refuge, Saskatchewan !
    Je te donnerai des propriétés.
    Je te donnerai le pays.
    Je t'y donnerai de quoi poser la plante de tes pieds.

Saskatchewan je t'aime

Mon amour ne t'abandonnera pas !

Je te donnerai de grandes et bonnes villes que tu n'as pas bâties.

Je te donnerai un pays de cours d'eau, de sources et de nappes souterraines qui jaillissent dans les vallées et dans les montagnes.

Je te donnerai un pays de froment, d'orge, de vignes, de figuiers et de grenadiers.

Je te donnerai un pays d'oliviers et de miel.

Je te donnerai un pays où tu mangeras du pain sans avoir à te rationner, où tu ne manqueras de rien.

Je te donnerai un pays dont les pierres sont du fer et des montagnes duquel tu extrairas le bronze.

Tu mangeras et tu te rassasieras.

Tu habiteras de belles maisons.

Je multiplierai pour toi le gros et le menu bétail.

Je multiplierai pour toi l'or et l'argent et tout tout ce qui t'appartient.

Tu sauras que j'ai de la force, tu sauras que j'ai de la vigueur lorsque je remettrai en ta possession toutes ces richesses afin de confirmer que je t'aime, Saskatchewan !

Je te donnerai une possession par amour pour toi.

Je t'enverrai la pluie, si tu as besoin de pluie.

Je t'enverrai du blé, si tu as besoin de blé.

Je t'enverrai de l'huile, si tu as besoin d'huile.

Je t'enverrai les produits de la terre, si tu as besoin des produits de la terre.

Je viendrai à ton secours, si tu as besoin de secours.

Je te donnerai du repos, si tu as besoin de repos.

Saskatchewan je t'aime

Je te donnerai tout mon amour !
Je serai ton roi et tu seras ma reine !
Je ne serai pas un roi qui t'asservira.
Je ne serai pas un roi roi qui aura un grand nombre de femmes.
Je ne serai pas un roi dont le cœur s'élèvera au-dessus de toi.
Je serai ton roi et tu seras ma reine !
Mon blé sera à toi .
Mon moût sera à toi.
Mon huile sera à toi.
Les toisons de mes brebis seront à toi.
Mes routes seront à toi.
Mon territoire sera à toi.
Mon pays sera à toi.
Je ne te chasserai jamais !
Je te manifesterai mon amour chaque journée avant que le soleil ne se couche.
Tel j'ai la supériorité, tel tu auras la supériorité.
Je te comblerai de biens en multipliant le fruit de tes entrailles.
Je te comblerai de biens en multipliant le fruit de tes troupeaux et le fruit de ton sol.

Saskatchewan je t'aime

Avec moi tu vivras, tu ne périras pas !

Je marcherai avec toi, je ne te délaisserai pas, je ne t'abandonnerai pas !

Je te mènerai dans mes pas, je te mènerai dans ma maison, je te mènerai dans mon amour !

Je serai avec toi, je ne te délaisserai pas, je ne t'abandonnerai pas, Saskatchewan !

Suis-moi, je te ferai voir ce que je t'ai promis.

Je battrai des villes et je m'en emparerai pour t'avoir à mes côtés.

Je te donnerai une possession au milieu de moi.

Si tu me demandes une ville, je te la donnerai.

Je la rebâtirai et tu y feras ta demeure.

Elle sera pour moi une montagne, un endroit où je viendrai te rencontrer.

Je te donnerai une demeure dans ma ville où tu habiteras avec moi.

Je te donnerai des villes.

Je te donnerai tout le pays.

Ne sois pas la servante d'autres car je suis jaloux.

Suis-moi, je te ferai voir ce que je t'ai promis.

Je battrai des villes et je m'en emparerai pour t'avoir à mes côtés.

Je te donnerai une possession au milieu de moi.

Jamais je ne romprai mon alliance !

Ne m'abandonne pas, n'abandonne pas celui qui t'a fait sortir de la servitude.

Ne va pas après d'autres d'entre les peuples qui t'entourent.

Ne te prostitue pas devant eux.

Saskatchewan je t'aime

Ne m'irrite pas.
Ne m'abandonne pas pour devenir la servante de quelqu'un d'autre.
Ne fais pas ce qui me déplaît.
Ne m'abandonne pas.

Saskatchewan je t'aime

Mon bonheur sera de te réjouir
et de te donner du bien-être

Je te donnerai des fils pour labourer tes terres.

Je te donnerai des fils pour récolter ta moisson et fabriquer tes armes de guerre. et l'attirail de tes chars ;

Je te donnerai des filles comme parfumeuses.

Je te donnerai des filles comme cuisinières.

Je te donnerai des filles comme boulangères.

Je prendrai les meilleurs de mes champs, de mes vignes et de mes oliviers et je te les donnerai.

Je prendrai le dixième de mes semences et de mes vignes et je te le donnerai.

Je prendrai les meilleurs de mes serviteurs, de mes servantes, de mes jeunes gens et de mes ânes et je te les donnerai pour que tu t'en serves pour tes travaux.

Je me lèverai de bon matin et je t'apporterai un épha de grain et du pain.

Je te comblerai de richesses.

Je ne serai pas un piège pour toi.

Je prendrai mon pain, mon eau et mon bétail que j'ai tué pour mes tondeurs et je te les donnerai.

Tu paraîtras devant moi et la dignité de reine ne sera pas donnée à une autre.

Tu seras au soin de mes eunuques.

Je t'accorderai ta demande et je satisferai à ton désir.

Ton âme ne sera pas dégoûtée de la vie.

Demande-moi et je te donnerai les nations pour héritage, les extrémités de la terre pour possession !

Saskatchewan je t'aime

Fais de moi tes délices et je te donnerai ce que ton cœur désire !

Je te tirerai du feu pour te donner de l'abondance.

Je te ferai remonter des abîmes de la terre.

Je te donnerai l'or de Séba.

Je te donnerai du pain et je te fournirai de la viande.

Je t'accorderai le bonheur.

J'ordonnerai à mes serviteurs de te garder.

Je ne donnerai ni sommeil à mes yeux, ni assoupissement à mes paupières jusqu'à ce que je t'ai accordé du repos.

Je te donnerai car j'ai de quoi te donner !

Je remplirai tes trésors.

Je te donnerai car tu m'es agréable !

Mon bonheur sera de te réjouir et de te donner du bien-être.

Dès le matin nous irons aux vignes, nous verrons si la vigne pousse, si la fleur s'ouvre, si les grenadiers fleurissent.

Là je te donnerai mon amour.

Il y aura un abri pour donner de l'ombre contre la chaleur du jour, pour servir de refuge et d'asile contre l'orage et la pluie.

Tu seras taillée, cultivée.

Les ronces et les épines ne croîtront plus sur toi et les nuées recevront l'ordre de laisser tomber la pluie sur toi.

Saskatchewan, tu deviendras enceinte et tu enfanteras un fils.

Tu auras de l'accroissement et ta paix sera sans fin.

Tu seras affermie et soutenue, dès maintenant et à toujours.

Tu revivras !

Saskatchewan je t'aime

Tu te relèveras !

Tu te réveilleras, tu tressailliras de joie à cause de la rosée vivifiante et la vie sera redonnée aux ombres.

Chaque fois que je passerai, je te saisirai car je passerai tous les matins, le jour et la nuit, et ma présence seule te donnera la force.

Je te donnerai du pain dans la tranquillité et de l'eau dans le repos.

Tu chercheras de l'eau et il y en aura.

Ta langue ne sera pas desséchée par la soif.

Je te ferai marcher par un chemin que tu ne connais pas,

je te conduirai par des sentiers que tu ignores,

je changerai devant toi les ténèbres en lumière et les endroits tortueux en plaine.

Je te donnerai des trésors cachés, des richesses enfouies afin que tu saches que je suis celui qui t'appelle par ton nom.

Je t'aime, c'est pourquoi je te donnerai ta part avec les grands ;

tu partageras le butin avec les puissants.

Malheureuse, battue par la tempête, et que nul ne console.

Voici, je garnirai tes pierres d'antimoine et je te donnerai des fondements de saphir.

Je te donnerai dans ma maison et dans mes murs une place et un nom préférables à des fils et à des filles.

Tu seras comme un jardin arrosé, comme une source dont les eaux ne tarissent pas.

Tu donneras à tes murs celui de salut et à tes portes celui de gloire.

Je te donnerai un diadème,

Saskatchewan je t'aime

je te donnerai une huile de joie,

je te donnerai un vêtement de louange.

Car moi je t'aime et j'aurai pour toi un amour éternel !

Je te donnerai des bergers selon mon cœur et ils te paîtront avec intelligence.

Je te donnerai un pays de délices, un héritage, le plus bel ornement des nations.

Je t'appellerai ma bien-aimée et tu ne te détourneras plus de moi.

Je ne donnerai pas ce qui t'appartient à d'autres.

Je te donnerai dans ma présence une paix assurée.

Je te donnerai le double de l'amour que tu auras pour moi.

Ton cœur me connaîtra, tu seras à moi et je serai à toi.

Mes projets pour toi sont des projets de paix et non de malheur afin de te donner un avenir et de l'espérance.

Je changerai ton deuil en allégresse,

et je te consolerai.

Je te donnerai de la joie après ton chagrin.

Je t'ouvrirai une source abondante de paix et de fidélité.

Je te donnerai du repos.

Quand les cieux seraient voilés et les étoiles obscurcies,

quand le soleil serait couvert de nuages et que la lune ne donnera plus sa lumière,

moi, je serai ta lumière, Saskatchewan !

Comme l'arbre des champs donne son fruit, tu donneras ton fruit,

et comme la terre donne ses produits, tu donneras tes produits.

Ton cœur sera nouveau, ton cœur sera un cœur de chair et non un cœur de pierre.

Saskatchewan je t'aime

Tu auras des nerfs, de la chair croîtra sur toi, tu seras couverte de peau, tu recevras un esprit et tu seras vivante.

Tu chanteras comme au temps de ta jeunesse et comme au jour où tu remontas du pays de ta souffrance.

Tu ne sèmeras pas du vent et tu ne moissonneras pas la tempête.

Tu auras des épis de blé ;

ce qui poussera donnera de la farine et aucun étranger ne la dévorera.

Tu fleuriras comme la vigne,

tu auras la renommée du vin du Liban.

Tu reverdiras, tu porteras des fruits, tu donneras tes richesses.

Si tu me demandes, je te donnerai.

Si tu me cherches, tu me trouveras.

Si tu frappes à ma porte, je t'ouvrirai.

Je sais donner de bonnes choses à ceux qui me les demandent.

Je te donnerai de l'eau.

Je te donnerai du repos.

Je te donnerai et tu seras dans l'abondance.

Je te donnerai les clefs de mon royaume.

Tout ce que tu demanderas, je te le donnerai !

Que me sert-il de gagner le monde si je te perdais ?

Que me donnerait-on en échange de toi ?

Tu as plus de valeur qu'un parfum de grand prix.

Tu es mieux que des pièces d'argent.

Je te donnerai les clefs de mon royaume.

Tout ce que tu demanderas, je te le donnerai.

Saskatchewan je t'aime

Je te donnerai à manger l'arbre de vie qui est chez moi.

Je te donnerai une couronne de vie.

Je te donnerai de la manne cachée.

Je te donnerai les pleins pouvoirs dans mon royaume.

Je te donnerai l'étoile du matin.

Je te donnerai la source de l'eau de la vie.

Oui, je veux morebooks!

I want morebooks!

Buy your books fast and straightforward online - at one of the world's fastest growing online book stores! Environmentally sound due to Print-on-Demand technologies.

Buy your books online at
www.get-morebooks.com

Achetez vos livres en ligne, vite et bien, sur l'une des librairies en ligne les plus performantes au monde!
En protégeant nos ressources et notre environnement grâce à l'impression à la demande.

La librairie en ligne pour acheter plus vite
www.morebooks.fr

OmniScriptum Marketing DEU GmbH
Heinrich-Böcking-Str. 6-8
D - 66121 Saarbrücken
Telefax: +49 681 93 81 567-9

info@omniscriptum.com
www.omniscriptum.com

www.ingramcontent.com/pod-product-compliance
Lightning Source LLC
Chambersburg PA
CBHW031244160426
43195CB00009BA/591